Il tempo ritrovato

· · · · · · · · · · · · · · · ·

MARCEL PROUST

ANALISI DEL LIBRO

Scritto da Gaëlle Cogan
Tradotto da Sara Rossi

Il tempo ritrovato

• •

MARCEL PROUST

MARCEL PROUST

SCRITTORE FRANCESE

- **Data e luogo di nascita : Parigi, 1871**
- **Data e luogo di morte: Parigi, 1922**
- **Opere principali:**
  - *Les Plaisirs et les Jours* (1896), raccolta di racconti brevi
  - *À la recherche du temps perdu* (1913-1927), ciclo di romanzi
  - *Contre Sainte-Beuve* (1954), una raccolta di saggi e brani narrativi

Nato nel 1871, Marcel Proust è stato un importante scrittore francese del XX secolo. Vincitore del Prix Goncourt nel 1919, la sua grande opera, « *À la recherche du temps perdu* » (1913-1927), segna il rinnovamento del romanzo. Cronaca di una società, quella della Belle Époque, descrizione delle intermittenze del cuore, riflessione estetica, filosofica e morale, quest'opera poliedrica ha stupito i suoi contemporanei e continua a essere oggetto di molti commenti.

IL TEMPO RITROVATO

L'ULTIMA PAROLA SULLA RICERCA

- **Genere:** romanzo
- **Edizione di riferimento:** *"Il tempo ritrovato"*, in À *la recherche du temps perdu*, Paris, Gallimard, coll. «Bibliothèque de la Pléiade», 1989, t. IV, 480 p. (1728 p. in totale).
- **Prima edizione:** 1927
- **Temi:** Tempo, amore, società, letteratura

Settimo e ultimo volume di «À *la recherche du temps perdu*», *"Il tempo ritrovato"* fu pubblicato cinque anni dopo la morte di Proust, nel 1927. Il romanzo è diviso in tre parti, ognuna delle quali si riferisce a un periodo diverso. Nella prima parte, il narratore si trova a Tansonville con la famiglia Saint-Loup poco prima della Prima Guerra Mondiale. La seconda parte si svolge durante la guerra, a Parigi. Molto tempo dopo, il narratore torna a Parigi e si reca su invito dalla duchessa di Guermantes. Il racconto di questa mattina e di ciò che viene rivelato al narratore costituisce la terza parte, che chiude *"Il tempo ritrovato"* e tutta *"La ricerca"*.

SOMMARIO

A TANSONVILLE

Una passeggiata con Gilberte

Il narratore soggiorna a Tansonville presso la famiglia Saint-Loup. Le uscite con Gilberte gli ricordano le passeggiate della sua infanzia. Gilberte gli rivela che il lato Guermantes (il desiderio di prestigio) e il lato Swann (il desiderio di amore) non sono inconciliabili. Secondo il narratore, abbiamo "curiosità" solo per le donne che non amiamo più. Nasconde a Gilberte di aver venduto un vaso per comprarle dei fiori.

Ritratto di Robert de Saint-Loup

Il narratore descrive il suo cambiamento d'aspetto, il suo amore per Morel, le sue bugie a Gilberte e la prevalenza del tipo Guermantes in lui. Parla poi di Albertine con Gilberte.

Lettura del diario inedito di Goncourt

Da queste pagine, che riguardano il salotto di Verdurin, scaturiscono le riflessioni del narratore sulla letteratura. Egli osserva che le persone e i luoghi lo interessano solo se sono stati prima incontrati nell'arte e si rammarica della sua mancanza di talento letterario.

DURANTE LA GUERRA

Ritorno a Parigi

Nel 1916, il narratore torna a Parigi. Rappresenta la nuova moda femminile e i cambiamenti nel mondo: la signora Verdurin, che è molto alla moda, ha nuovi seguaci e cerca di rinnovare la sua relazione con Odette.

Il narratore ricorda il suo incontro con Saint-Loup all'inizio della guerra. Saint-Loup, spinto da un sincero patriottismo, fa di tutto per essere arruolato, mentre Bloch, patriottico finché pensa di essere riformato, diventa antimilitarista una volta riconosciuto idoneo al servizio. Il narratore riflette sull'ideale di virilità e sul ruolo che svolge per gli omosessuali.

La sua fragilità costringe il narratore ad andare in una casa di riposo. Una lettera di Gilberte gli comunica che i tedeschi hanno preso Tansonville.

Tornato a Parigi, l'emozionato narratore riceve una breve visita da Saint-Loup, in licenza. La loro conversazione verte sulla bellezza dei raid aerei notturni e sulle strategie di guerra. Il narratore trova l'intelligenza di Saint-Loup più brillante di prima.

Incontro con il signor De Charlus

Durante una passeggiata notturna a Parigi, il narratore incontra il signor De Charlus che, con l'avanzare dell'età, ha perso la sua posizione sociale: viene vilipeso a casa della signora Verdurin e calunniato nella cronaca del suo ex protetto,

Morel. Il narratore fa riferimento al comodo patriottismo della signora Verdurin, alle opinioni sdolcinate di Odette e alla germanofilia del signor De Charlus. Il barone vorrebbe rinnovare la sua conoscenza con Morel, ma si viene a sapere che quest'ultimo non vuole rivedere De Charlus perché ha paura, una paura che si rivela giustificata.

In hotel

Dopo aver lasciato Charlus, il narratore cerca un albergo per riposarsi. Ne trova uno da cui crede di vedere uscire Saint-Loup. Nell'albergo, il narratore ascolta la conversazione di soldati e operai e sente frasi sulle catene e su un uomo legato. Sospettando che si tratti di un caso criminale, chiede una stanza e si stupisce di trovare il signor De Charlus in catene, che viene castigato da un soldato che assomiglia a Morel. Entra in scena Jupien, con cui il barone si lamenta del soldato, che non è abbastanza brutale per i suoi gusti. Il narratore viene poi a sapere che nell'albergo è stata ritrovata una croce di guerra, prima di assistere ai convenevoli del barone circondato da una corte di giovani uomini. All'improvviso, scoppia un bombardamento che ricorda al narratore il disastro di Pompei.

Morte di Saint-Loup

Tornato a casa, il narratore apprende che Saint-Loup ha smarrito la sua croce di guerra. Poco dopo il suo ritorno al fronte, Saint-Loup muore, causando un dolore inaspettato alla duchessa di Guermantes. Morel viene arrestato per diserzione e inviato al fronte, dove si comporta coraggiosamente.

MATTINA CON LA DUCHESSA DI GUERMANTES

Con il signor De Charlus

Dopo un lungo soggiorno in una casa di cura, il narratore torna a Parigi e va in giro per il mondo. Sugli Champs-Élysées incontra un anziano e convalescente De Charlus in compagnia di Jupien, che lo informa degli scherzi del barone. Le parole di De Charlus sono confuse, ma la sua memoria è intatta.

Una vocazione rivelata

Arrivando nel cortile dell'albergo dei Guermantes, il narratore inciampa improvvisamente sull'acciottolato irregolare e prova una sensazione di beatitudine simile a quella che aveva provato durante l'episodio della madeleine (cfr. *Du côté de chez Swann*): l'acciottolato irregolare gli ricorda Venezia. Poco dopo, nel salotto-biblioteca di Guermantes, il tintinnio di un cucchiaio su un piatto e la pesantezza di un tovagliolo gli fecero riconoscere che le sensazioni più semplici sono racchiuse in una singolare atmosfera del passato che possono evocare molto meglio dell'intelligenza, e che la loro contemplazione è l'unico piacere "fecondo e vero" (p 875). Decide di intraprendere un lavoro che gli darà accesso alla realtà che ognuno porta dentro di sé e alla quale non conduce il godimento diretto. Vedendo in biblioteca il *François le Champi* (romanzo di George Sand, scrittrice francese, 1804-1876) della sua infanzia, conclude che i libri rimangono legati alla persona che eravamo quando li abbiamo letti.

La letteratura, lo scrittore, il lettore

Il narratore definisce poi la sua visione della letteratura, dello scrittore e del lettore. Rifiuta l'arte impegnata e le concezioni teoriche; solo la vera arte permette di trovare la vita. Da un lato, ci sono le verità che lo scrittore raggiunge scandagliando le proprie profondità, dall'altro le verità dell'intelligenza, relative alle passioni, alla morale e ai caratteri, che scopre osservando chi lo circonda: anche le persone più amate "alla fine hanno solo posato per lui come nel caso dei pittori" (p. 905). Il materiale dell'opera è la vita passata, che lo scrittore ha memorizzato fin nei minimi dettagli. Il narratore aggiunge che ogni opera è il prodotto di una sensibilità singolare – quella del suo autore – e in questo modo permette al lettore di vedere con altri occhi: gli artisti rendono accessibili mondi i cui paesaggi, senza di loro, "sarebbero rimasti per noi sconosciuti come quelli che possono esserci nella luna" (p. 895). Il lettore è anche il lettore della propria vita: l'opera è uno "strumento ottico" (p. 811) che gli permette di discernere ciò che non avrebbe potuto vedere da solo, o solo in modo confuso.

Gli effetti del tempo

Quando il narratore si unisce agli altri ospiti, la svolta è drammatica: tutti sembrano mascherati dall'età e lui ha la rivelazione che il tempo è passato anche per lui. Alcuni sono abbelliti o resi nobili dalla maschera del tempo, altri sono completamente metamorfizzati. Il tempo rivela somiglianze impreviste tra i parenti, restituisce considerazione ad alcuni che un tempo erano imbarazzanti e fa dimenticare ad altri la loro precedente grandezza. I personaggi introdotti nel corso de *"La ricerca"* sono presenti, ma il tempo ha riconfigurato le loro relazioni: Odette, il cui volto è stato risparmiato dal tempo, ma che è sull'orlo della senilità, ha una relazione con il Duca di Guermantes; la signora Verdurin, grazie a un'ascesa spettacolare, si è trasformata nella Duchessa di Guermantes; Rachel è diventata un'attrice alla moda e umilia La Berma, un tempo la più grande tragediografa del suo tempo; Gilberte sta con l'ex amico di Albertine, Andrée, e presenta al narratore la sua figlia adolescente.

Nascita di un'opera

Il tempo è lo stimolo che spinge il narratore a lavorare: l'opera è una cattedrale la cui costruzione è costantemente minacciata dalla morte della persona che la porta in sé, o dal fallimento della sua memoria. Nel commovente finale che chiude *"La ricerca"*, il narratore mostra l'incessante, estenuante e notturno lavoro dello scrittore per portare alla luce la sua opera.

STUDIO DEL CARATTERE

IL NARRATORE

Il narratore, alter ego dell'autore, è un uomo sensibile e dalla salute fragile, che in «*Le Temps*» vede attraversare *l'*età adulta e arrivare alla vecchiaia. Scapolo, vive da solo in un appartamento parigino con la sua cameriera e il suo maggiordomo, quando non è ospite della famiglia Saint-Loup o di una casa di cura. Conoscendo bene il mondo che frequenta a intermittenza, analizza la natura umana e le passioni con lucidità e finezza. Il segreto dell'opera letteraria che desidera scrivere fin dall'infanzia gli viene svelato a metà de *"Il tempo ritrovato"*.

GILBERTE DE SAINT-LOUP

Figlia di Charles e Odette Swann, diventata la signora Saint-Loup dopo il matrimonio con Robert de Saint-Loup, è l'ex compagna di giochi del narratore e la madre di una giovane signorina de Saint-Loup. Moglie ingannata e infelice nella prima parte, a chatelaine di Tansonville che resiste all'avanzata tedesca durante la guerra, si trasforma alla fine de *"Il tempo ritrovato"* in una matrona mondana e un po' pedante in cui il narratore fatica a riconoscere il suo amore giovanile.

ROBERT DE SAINT-LOUP

Figlio della signora de Marsantes, nipote del barone De Charlus e del duca di Guermantes, marito di Gilberte e amico del narratore, Saint-Loup è soprattutto un Guermantes. Omosessuale latente, ha una relazione con Morel e frequenta luoghi di piacere maschili, che nasconde alla moglie mentendo e al mondo mantenendo delle amanti. Inviato al fronte, muore eroicamente in battaglia.

IL BARONE DI CHARLUS

Il barone De Charlus, vecchio amico del narratore, appartiene alla famiglia Guermantes. Nonostante il suo "raro valore intellettuale" (p. 766), è considerato antiquato nel mondo e viene accusato di germanesimo, cosa che gli costa il suo status sociale. Ha una passione inestinguibile per Morel, che lo tratta in modo crudele, coltiva piaceri masochistici e preferisce la compagnia dei furfanti parigini a quella dei mondani. Il narratore lo incontra dopo la guerra, quando il barone è molto indebolito da un ictus.

LES GUERMANTES

La famiglia Guermantes è stata oggetto di fascino per il narratore da bambino ed è caratterizzata da una certa fisionomia, un certo spirito e un'ascendenza aristocratica di grande prestigio. Il Duca e la Duchessa di Guermantes, il Barone De Charlus e i Saint-Loup provengono tutti dalla linea Guermantes. Una delle sorprese del romanzo è quella di apprendere che la signora Verdurin è diventata, con un abile terzo matrimonio, duchessa di Guermantes.

ODETTE

Madre di Gilberte, prese il nome di signora De Forcheville dopo un secondo matrimonio. Il narratore paragona la sua bellezza, risparmiata dal tempo, a quella di una "rosa steriliz-zata" (p. 950). È l'amante del duca di Guermantes e si offre di raccontare al narratore i suoi amori passati, sperando di servire da modello per il suo lavoro. Verso la fine de "Il tempo ritrovato", sprofonda nella senilità.

CHIAVI DI LETTURA

LA GENESI DI UN'OPERA

"Il tempo ritrovato" ci fornisce indizi sulle condizioni materiali della creazione, sul modo di scrivere di Proust e sulla ricezione delle prime bozze della sua opera, indizi che ci vengono riferiti dal narratore o che possiamo decifrare in alcuni tratti del testo.

Un'opera minacciata dalla morte

Quando Proust ricevette il premio Goncourt nel 1919 per «À *l'ombre des jeunes filles en fleurs*», era già molto malato. Alcuni giorni, violenti attacchi d'asma gli impedivano di lavorare. Temeva di non riuscire a terminare la sua opera, alla quale lavorava incessantemente e fino allo sfinimento di notte, nella sua stanza protetta dai rumori dal sughero che rivestiva le pareti. In *"Il tempo ritrovato"* scrisse:

"Sapevo bene che il mio cervello era un ricco bacino minerario, dove esisteva un'immensa e diversissima gamma di giacimenti di valore. Ma avrei il tempo di sfruttarli? Ero l'unica persona in grado di farlo. Per due motivi: con la mia morte sarebbe scomparso non solo l'unico minatore capace di estrarre questi minerali, ma anche il giacimento stesso" (p. 1037)

Il 18 novembre 1922, quando Proust morì di polmonite, aveva terminato il suo romanzo.

Un'opera in costante evoluzione

A causa del poco tempo a disposizione, Proust non poté rielaborare *"Il tempo ritrovato"* tanto quanto l'inizio de *"La ricerca"*: è la sezione del romanzo che si presenta nel suo stato più incompiuto e, quindi, anche quella in cui le aggiunte di béquets (secondo il *Trésor de la langue française*, "pezzo di carta aggiunto al margine di un manoscritto, per introdurvi un'aggiunta o una modifica") e di "paperoles" (come l'assistente, segretaria e amica di Proust, Céleste Albaret, chiamava i pezzetti di carta che lei incastrava nei margini dei manoscritti affinché lui potesse aggiungervi nuovi passaggi) sono le più numerose. Alcune incongruenze narrative, come la ricomparsa di personaggi ritenuti morti o l'apparizione di personaggi già introdotti poche pagine prima, sono tracce toccanti della fretta con cui Proust dovette terminare il proprio lavoro.

Queste caratteristiche danno al lettore un'idea dell'arte di scrivere di Proust. Correggendo incessantemente i suoi dattiloscritti, riscrivendo, cancellando, arricchendo i suoi quaderni con nuove alluvioni, paragona il suo lavoro in *"Il tempo ritrovato"* a quello di una sarta: "Appuntando un foglio in più qui, costruirei il mio libro, non oserei dire ambiziosamente come una cattedrale, ma semplicemente come un vestito". (p. 1033)

Un'opera incompresa dai suoi contemporanei

Anche se il premio Goncourt consacrò l'opera di Proust e gli procurò una relativa fama, egli ritenne che il suo approccio letterario fosse incompreso. *"Il tempo ritrovato"* racconta come furono accolte le prime bozze dell'opera di Proust, o meglio, come Proust pensava che fossero state accolte:

"Presto potrò mostrare alcuni schizzi. Nessuno ha capito nulla. Anche coloro che erano favorevoli alla mia percezione delle verità che volevo incidere nel tempo, si congratulavano con me per averle scoperte con un "microscopio", quando invece avevo usato un telescopio per vedere cose, davvero molto piccole, ma perché situate a grande distanza, e che erano ciascuna un mondo. Laddove cercavo grandi leggi, venivo definito uno scavatore di dettagli. E poi, a cosa serviva?" (p. 1041)

Tuttavia, questo equivoco poteva essere contrastato solo dalle considerazioni artistiche de *"Il tempo ritrovato"* che sono la chiave di lettura di tutta *"La ricerca"*.

IL TEMPO RITROVATO, UN'ARTE POETICA

L'arte poetica è l'insieme di regole il cui scopo è la bellezza nell'arte e in particolare nella letteratura. Proust dedicò un'intera sezione de *"Il tempo ritrovato"* alla definizione di cosa fosse la creazione letteraria e artistica: il narratore esaminò a lungo come si scrive un'opera, uno stratagemma letterario, poiché l'opera che descrisse assomiglia in tutto e per tutto a quella che il lettore ha davanti.

Rifiuto dell'arte impegnata, realista o intellettuale

Proust basò la sua teoria letteraria sul rifiuto di alcuni concetti artistici:

- Secondo lui, gli artisti patriottici si sbagliavano, perché "la vera arte non ha bisogno di proclami e si compie nel silenzio" (p. 881). (p. 881);

- Quanto alla letteratura realista, che "si accontenta di 'descrivere le cose', di dare solo un misero resoconto di linee e superfici", è "la più lontana dalla realtà, quella che più ci impoverisce e ci rattrista, perché interrompe bruscamente ogni comunicazione del nostro io presente con il passato" (p. 885);

- Nemmeno le opere intellettuali che privilegiavano le teorie trovarono il suo favore: Proust le considerava indelicate come "un oggetto su cui si lascia il segno del prezzo" (p. 882).

Secondo lui, il senso artistico doveva essere l'assoluta sottomissione alla realtà interiore.

Il lavoro dello scrittore

Il compito dello scrittore è quello di delucidare la vita, di decifrarla in modo che diventi finalmente intelligibile. Lo scrittore è un traduttore che trasforma in libro le ore passate che si porta dentro.

"Un'ora non è solo un'ora, è un vaso pieno di profumi, suoni, progetti e climi. Ciò che chiamiamo realtà è un certo rapporto tra queste sensazioni e questi ricordi che ci circondano simultaneamente [...], un rapporto unico che lo scrittore deve trovare per collegare per sempre i due termini diversi nella sua frase." (p. 889)

Il compito dello scrittore è difficile, perché si svolge in radicale solitudine e richiede di immergersi nelle profondità, a volte dolorose, della sua memoria, ma offre soprattutto gioie, in particolare la contemplazione di ciò che è "più prezioso e di solito sconosciuto a noi, la nostra vita reale, la realtà come l'abbiamo sentita e che differisce così tanto da ciò che crediamo" (p. 881).

La vita passata come materiale per l'opera

I "depositi preziosi" di cui abbiamo parlato prima sono le esperienze passate – piacere, tenerezza, pigrizia e dolore – che formano "una riserva simile all'albume che è depositato nell'ovulo delle piante e da cui quest'ultimo trae il suo nutrimento per trasformarsi in seme" (p. 899). La vita dello scrittore non sarebbe, quindi, altro che una lunga preparazione al lavoro di scrittura. Di tutte le persone incontrate nel corso della sua vita, lo scrittore conservava un gesto, una mimica, un modo particolare di esprimersi, che ricombinava a suo piacimento per incarnare una verità psicologica in un personaggio. Questo "quaderno di schizzi" (p. 900), composto nel corso della vita, permetterebbe allo scrittore di trarre, da tratti particolari, leggi generali relative alle passioni umane.

La memoria involontaria come strumento di scrittura

Il mistero che il narratore aveva intuito in « *Du côté de chez Swann* » si risolve in *"Il tempo ritrovato"*: la beatitudine che gli procura l'irregolarità del selciato del cortile, il suono del cucchiaio che tocca il piatto e il peso di un tovagliolo gli fanno capire che l'essenza delle cose non è accessibile per percezione diretta, né per memoria volontaria, ma solo per memoria involontaria. La memoria volontaria e intellettuale ci dà solo il resoconto inaridito del passato senza farci sentire la sua sostanza viva, ma quella involontaria è risvegliata da una sensazione (un suono, una luce, un odore, un sapore, una consistenza, o tutto insieme) che evoca una percezione passata con la quale appare tutto un mondo che si pensava inaccessibile:

"Il gesto, l'atto più semplice rimane racchiuso come in mille vasi chiusi, ognuno dei quali sarebbe riempito di una cosa, di un colore, di un odore, di una temperatura assolutamente diversi; senza contare che questi vasi, disposti per tutta l'altezza dei nostri anni durante i quali non abbiamo smesso di cambiare, anche se solo nei sogni e nei pensieri, sono situati ad altitudini molto diverse, e ci danno la sensazione di atmosfere singolarmente varie." (p. 870)

Sono questi odori, questi colori, tutti questi dettagli che lo scrittore deve cercare di trascrivere nell'opera per recuperare il tempo perduto.

IL "MONDO" DE "IL TEMPO RITROVATO"

Il mondo da cui il giovane narratore era così attratto in *"Du côté de Guermantes"* è cambiato: è una società trasformata dal tempo quella che il narratore, disincantato e volentieri beffardo, trova al matinée dei Guermantes.

Un mondo disincantato

Il narratore immagina un suo doppio giovane per il quale gli incontri sociali nascondono ancora segreti e meraviglie. Dice a sé stesso che "le cose non hanno potere in sé, poiché siamo noi a dar loro potere" e che se il giovane scolaretto borghese che si immagina di essere esercita un tale fascino, "è perché è ancora nell'età della credenza" che lui stesso ha superato e di cui ha "perso il privilegio, come dopo la prima giovinezza si perde il potere che hanno i bambini di scomporre il latte in frazioni digeribili" (p. 858). Se il mondo non esercita più potere sul narratore, è anche perché egli ne conosce il funzionamento e le mistificazioni ed è accolto dai suoi membri più eminenti come un vecchio amico.

Un mondo soggetto al tempo

Entrando nel salone della duchessa di Guermantes, il narratore non riconosce i volti trasformati dall'età delle sue vecchie conoscenze, che non vede da molto tempo, ma presto si rende conto che il tempo "oltre che sugli esseri stessi" ha "esercitato la sua chimica sulla società" (p. 956). I vecchi legami che univano i personaggi sono stati sciolti e ne sono stati creati di nuovi: Gilberte è ora la compagna di Andrée e la signora de Forcheville l'amante del Duca di Guermantes.

La memoria effimera della gente di mondo distorce facilmente il passato a proprio vantaggio: così la duchessa di Guermantes, che aveva deriso Rachele alla sua prima rappresentazione teatrale a casa sua, certifica al narratore, ora che Rachele è diventata famosa, che è stata lei a lanciarla. La genealogia delle persone, la loro reputazione passata, le ragioni per cui si sono alleate o alleate con una famiglia o un'altra sono dimenticate, e le persone un tempo considerate brillanti sono declassate (la duchessa di Guermantes), mentre gli ex furfanti hanno assunto un posto di rilievo (Bloch).

Un mondo ignorante

Il narratore nota ancora una volta in *"Il tempo ritrovato"* che le persone del mondo, nonostante le loro grandi pretese, non sanno nulla dell'arte. Un'ospite della duchessa di Guermantes non riconosce nel testo recitato da Rachel una poesia di Jean de La Fontaine (poeta francese, 1621-1695) e nessuno pensa di correggere il suo errore. In un episodio precedente, il barone De Charlus viene considerato fuori moda, nonostante fosse una delle menti più sottili e originali del suo tempo. Il narratore, la cui frequentazione dei salotti è servita soprattutto a perseguire i piaceri e a creare il suo "quaderno degli schizzi", se ne allontana quando inizia a scrivere il suo libro. Abbandona i suoi obblighi sociali, preferendo dedicare le sue forze "alle esigenze egoistiche del lavoro" (p. 1042).

SPUNTI DI RIFLESSIONE

ALCUNE DOMANDE PER APPROFONDIRE LA RIFLESSIONE...

• Spiegate e commentate questa citazione da "Il tempo ritrovato": "La vera vita, la vita finalmente scoperta e chiarita, l'unica vita quindi realmente vissuta, è la letteratura; questa vita che, in un certo senso, abita in ogni momento in tutti gli uomini come nell'artista. Ma non lo vedono, perché non cercano di chiarirlo. E così il loro passato è ingombro di innumerevoli luoghi comuni che rimangono inutili perché l'intelligenza non li ha sviluppati". (p. 895)

• Durante la mattinata a casa della Duchessa di Guermantes, il narratore riconosce Rachele, che sta conversando con la Duchessa di Guermantes (p. 991). Poco dopo, un'attrice apparentemente sconosciuta recita dei versi (p. 1001): grazie all'intervento di un amico, il narratore riconosce nuovamente Rachel. Spiegate questa incoerenza narrativa.

• Proust rifiutava le teorie letterarie secondo le quali l'artista dovrebbe "trattare soggetti che non siano frivoli o sentimentali, ma [...] grandi movimenti operai, e, se non folle, almeno oziosi non più insignificanti [...] nobili intellettuali, o eroi" (p. 881). Cosa ne pensate?

• La Grande Guerra occupa tutta la seconda parte de "Il tempo ritrovato". Come viene rappresentato dal narratore? Rilevate qualche pregiudizio? Quali personaggi ed eventi storici riconoscete?

- La passione amorosa, sebbene meno evidente che in altri volumi de *"La ricerca"*, è presente anche in *"Il tempo ritrovato"*. Fornite degli esempi e descrivetene le modalità e le caratteristiche.

- Proust è stato un grande pittore di relazioni mondane. Quali altri autori hanno tentato di descrivere il mondo e di sottolinearne la ridicolaggine?

- Secondo voi, come sarebbe possibile rendere il segmento finale di "La ricerca", *"Il tempo ritrovato"*, *e* in particolare i momenti di reminiscenza involontaria, in un adattamento cinematografico?

- A proposito del mondo, Proust scrisse: "Un certo insieme di pregiudizi aristocratici, di snobismo, che in passato allontanavano automaticamente dal nome di Guermantes tutto ciò che non vi si armonizzava, aveva cessato di funzionare. Rilassate o spezzate, le molle della macchina repressiva non funzionavano più, mille corpi estranei vi penetravano, privandola di ogni omogeneità, di ogni comportamento, di ogni colore. Il Faubourg Saint-Germain, come una vecchia signora in età avanzata, rispondeva solo con timidi sorrisi agli insolenti servitori che invadevano i suoi saloni, bevevano la sua aranciata e la presentavano alle loro padrone." (p. 957). Commentate.

- Roland Barthes (semiologo e scrittore francese, 1915-1980) pubblicò nel 1967 un articolo intitolato "Proust e i nomi", in cui scriveva: "Il nome proustiano è di per sé e in tutti i casi l'equivalente di un'intera voce di dizionario: il nome Guermantes copre immediatamente tutto ciò che la memoria, l'uso e la cultura possono metterci dentro". (BARTHES R.,

"Proust et les noms", Œuvres *complètes*, Paris, Seuil, 2002, pp. 66-77). Commentate con esempi tratti da "Il tempo ritrovato".

PER APPROFONDIRE

EDIZIONE DI RIFERIMENTO

PROUST M., À *la recherche du temps perdu*, Paris, Gallimard, collezione «Bibliothèque de la Pléiade», 1989.

ADATTAMENTO

"Il tempo ritrovato", film di Raoul Ruiz, con Catherine Deneuve, Vincent Perez e John Malkovich, 1999.

Vogliamo sapere da voi!
Lasciate un commento sulla vostra biblioteca online
e condividete i vostri libri preferiti sui social media!

MUST READ

Perché scegliere Must Read?

Scoprite tutto quello che c'è da sapere su un libro, con i nostri riassunti e le nostre analisi concise e approfondite!

Scoprite il meglio della letteratura sotto una luce completamente nuova!

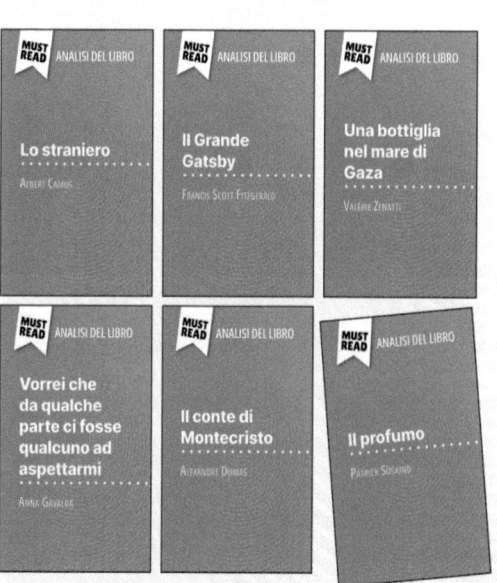

www.50minutes.com

www.50minutes.com

Master ISBN: 9782808689960
ISBN cartaceo: 9782808611367
Deposito legale: D/2023/12603/1416

Copertura: © Primento

Concezione digitale a cura di Primento, il partner digitale degli editori.